Un livre de la collection
Les racines de Crabtree

LES MÉDECINS

DOUGLAS BENDER

Les gens que je rencontre

CRABTREE
Publishing Company
www.crabtreebooks.com

Soutien de l'école à la maison pour les parents, les gardiens et les enseignants

Ce livre aide les enfants à se développer grâce à la pratique de la lecture. Voici quelques exemples de questions pour aider le lecteur ou la lectrice à développer ses capacités de compréhension. Les suggestions de réponses sont indiquées en rouge.

Avant la lecture

- De quoi ce livre parle-t-il?
  - *Ce livre parle des médecins.*
  - *Ce livre parle de ce que fait un médecin au travail.*

- Qu'est-ce que je veux apprendre sur ce sujet?
  - *Je veux savoir où travaille un médecin.*
  - *Je veux savoir ce que fait un médecin.*

Pendant la lecture

- Je me demande pourquoi...
  - *Je me demande pourquoi certaines personnes deviennent des médecins.*
  - *Je me demande pourquoi certains médecins ne travaillent pas dans les hôpitaux.*

- Qu'est-ce que j'ai appris jusqu'à présent?
  - *J'ai appris que les médecins aident les gens malades.*
  - *J'ai appris que certains médecins travaillent dans les hôpitaux.*

Après la lecture

- Nomme quelques détails que tu as retenus.
  - *J'ai appris que les médecins peuvent travailler à différents endroits.*
  - *J'ai appris que les médecins aident les gens malades ou blessés.*

- Lis le livre à nouveau et cherche les mots de vocabulaire.
  - *Je vois le mot* ***malades*** *à la page 4 et le mot* ***hôpital*** *à la page 8. Les autres mots de vocabulaire se trouvent à la page 14.*

Voici un **médecin**.

La médecin aide les gens quand ils sont **malades**.

Cette médecin
donne un **vaccin**.

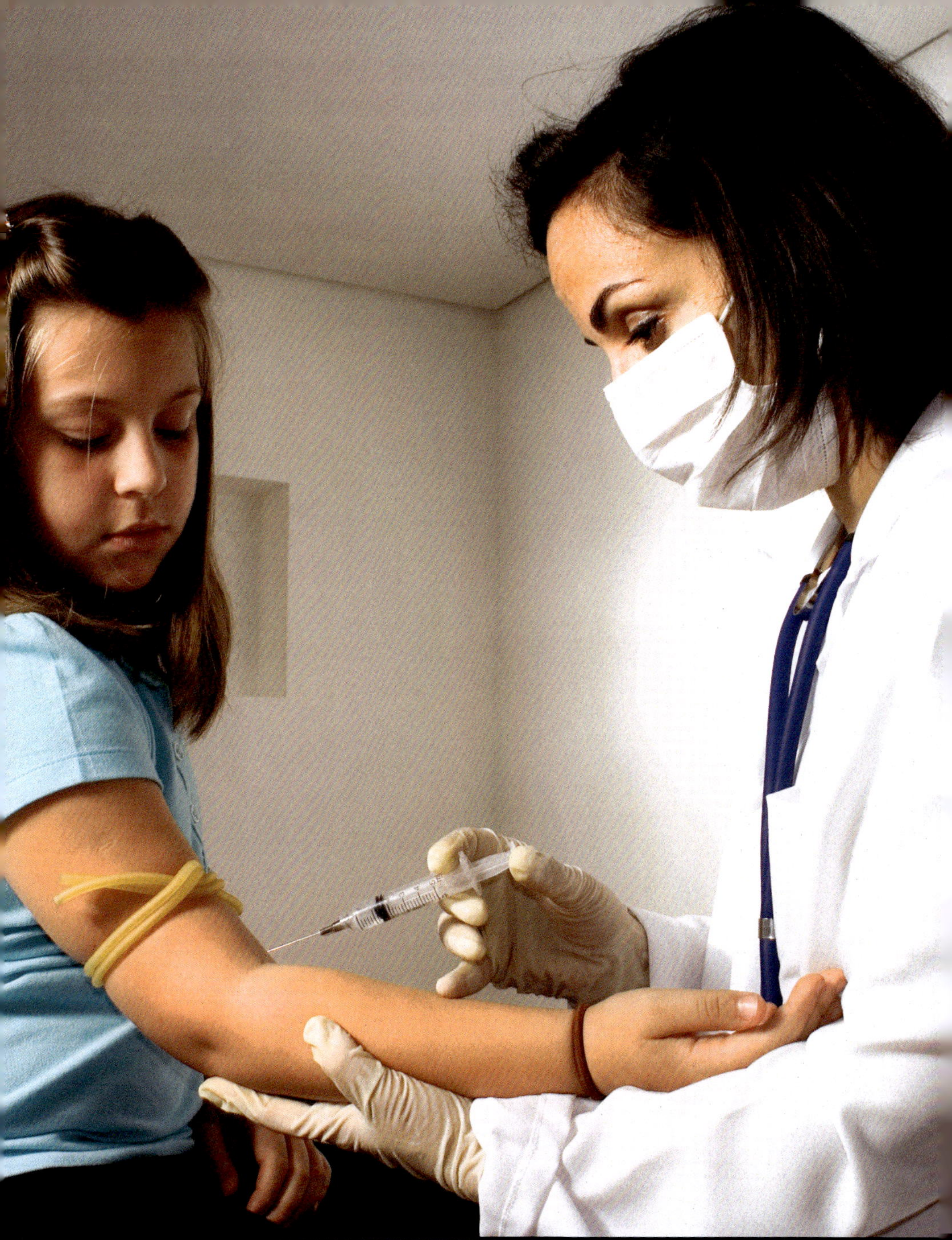

Ce médecin est dans un **hôpital**.

Tous les médecins peuvent donner des **médicaments**.

Connais-tu un médecin ou une médecin?

Liste de mots

Mots courants

cette	gens	tu
dans	ils	un
est	quand	une

La boîte à mots

hôpital

malades

médecin

médicaments

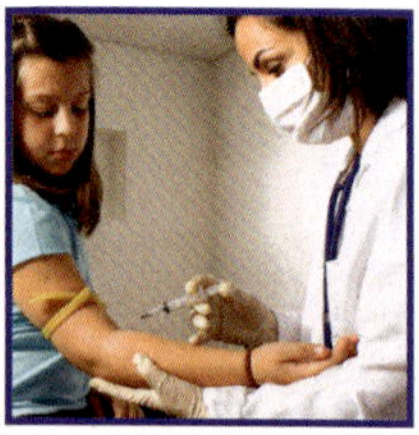

vaccin

36 mots

Voici un **médecin**.

La médecin aide les gens quand ils sont **malades**.

Cette médecin donne un **vaccin**.

Ce médecin est dans un **hôpital**.

Tous les médecins peuvent donner des **médicaments**.

Connais-tu un médecin ou une médecin?

Crabtree Publishing Company

Auteur : Douglas Bender
Conception : Rhea Wallace
Développement de la série :
James Earley
Correctrice : Janine Deschenes
Conseils pédagogiques :
Marie Lemke M.Ed.
Traduction : Annie Evearts
Coordinatrice à l'impression :
Katherine Berti
Références photographiques :
Shutterstock : Monkey Business Images : couverture, p. 1, 3, 14; Syda Productions : p. 5, 14; Orange Line Media : p. 7, 14; Gorodenkoff : p. 8-9, 14; wavebreakmedia : p. 11, 14; Lightfieldstudio : p. 13

Les gens que je rencontre

LES MÉDECINS

La forme masculine est utlilisée dans cet ouvrage uniquement dans le but d'en alléger la forme et d'en faciliter la lecture

Crabtree Publishing Company

www.crabtreebooks.com 1-800-387-7650

Publié aux États-Unis
Crabtree Publishing
347 Fifth Avenue
Suite 1402-145
New York, NY, 10016

Publié au Canada
Crabtree Publishing
616 Welland Ave.
St. Catharines, Ontario
L2M 5V6

Imprimé au Canada/102021/CPC

Catalogage avant publication de Bibliothèque et Archives Canada

Titre: Les médecins / Douglas Bender ; texte français d'Annie Evearts.
Autres titres: Doctor. Français.
Noms: Bender, Douglas, auteur.
Description: Mention de collection: Les gens que je rencontre | Les racines de Crabtree | Traduction de : Doctor. | Comprend un index.
Identifiants: Canadiana (livre imprimé) 20210271531 | Canadiana (livre numérique) 20210271558 | ISBN 9781039606432 (couverture souple) | ISBN 9781039606494 (HTML) | ISBN 9781039606555 (EPUB) | ISBN 9781039606616 (livre numérique avec narration)
Vedettes-matière: RVM: Médecins—Ouvrages pour la jeunesse. | RVMGF: Documents pour la jeunesse.
Classification: LCC R690 .B4614 2022 | CDD j610.69—dc23